EPITOME

SVR LES VIES ET MIRA-
racles des bien-heureux Peres SS.
Ignace de Loyola, & François
Xauier premiers fondateurs de la
Compagnie de Iesvs.

FAIT EN FAVEVR DE LEVR
Canonisation à Rome, le 12. Mars, 1622.

Plus vne tres-deuote oraison à ces Saints bien-
heureux pour l'extirpation de l'heresie.

PAR LE SIEVR AVVRAY.

A ROVEN,

Chez Dauid Ferrant, demeurant à la Cour des
Loges pres le Palais.

M. CD. XXII.

EPITOME

SVR LES VIES ET MIRA-
cles des bien-heureux Peres SS.
Ignace de Loyola, & François
Xauier premiers fondateurs de la
compagnie de IESVS.

FAIT EN FAVEVR DE LEVR
Canonisation à Rome, le 12. Mars, 1622.

La vie du bien-heureux S. Ignace.

L'An de grace 1491. que le Pape Innocent V. tenoit le Siege de S. Pierre, que
Federic III. gouuernoit l'Empire, que
Ferdinant & Isabelle sa femme re-
gnoient en Espagne. Ce grand flam-
beau du Christianisme le bien-heureux
Pere Ignace de Loyola fondateur &
pere de l'inuincible compagnie de Iesus n'asquist en Bis-
quaye le 31. de Iuillet, Son pere fut Bertran Iagnez, sa
mere Marie Saez de Balda, tous deux de tres-illustre mai-

son & splendide race : Ce ieune Soleil dés son Orient fut si
estincelant que ses contemporains en preuoyoient des
merueilles au Midy de ses flames, son esprit vif & releué
sentoit son homme meur & ne tenoit rien de la puerilité.
Ceste ieune plante cultiuee en la Cour des Roys Catholiques porroit des fruits quãd les autres n'estoiët qu'en fleur,
les armes (comme l'exercice plus conuenable à tel aage) furent les delices de ce cœur genereux. Les François esprou-
uerent sa valeur au Siege du Chasteau de Pampelonne l'an
1521. ou pour lors aagé de 30 ans, Dieu se voulant seruir
de ce guerrier contre les ennemys de son Eglise, permet
qu'vne harquebuzade de luy fracasse la iambe, il tombe & en
sa cheute tomba le courage des siens. Le Chasteau se rend
à la mercy des François qui en faueur du tige florissant du
vaillant Ignace le firent porter dans vn branquard à sa
maison soigneusement penser de sa playe, playe qui fut la
premiere carresse de son Sauueur, & le premier degré du
marche-pied de sa gloire, car icelle compliquée de tous perilleux simptomes & rebelle a tous remedes, le scrutateur
des cœurs & des pensées ayant veu de toute eternité des
yeux de sa prouidence, combien ce braue champion serui-
roit vn iour a la dilatation de l'Euangile, qu'il arboreroit
l'estandart de la Foy aux plus recullez climats de la terre,
& feroit tresbucher les Idoles en la presence du Crucifix:
luy enuoya au fort de ses douleurs le prince des Apostres S.
Pierre auquel il auoit particuliere deuotion, visite qui eut
tant defficace qu'à l'instant les accidens cesserent & recou-
ura sa premiere santé, vn des os fracturez restant inesgal &
causant vne defformité en la partie le fit resoudre à l'extir-
passion d'iceluy (flottant encor parmy les vanitez du monde) son grand courage fut recognu pendant l'operation l'a-
cerbité de la douleur ne r'auallant rien de son accoustumée
generosité. En fin sur le declin de la cure pour tromper son
ennuy demande quelques liures de Cheualerie ou autres
discours scurrilles & prophanes, dont les mondains ont ac-
coustumé d'empoisonner leur prime ieunesse ; mais tels liures manquant sur les lieux luy en furent donnez qui trait-
toient de la vie de Iesus Christ & quelques anciennes Le-
gendes des Saints, Dieu faysant aboutir & concurrer tous
moyens necessaires pour le conduire à sa fin predestinée.

Sathan de ſa part n'oublioit aucun artifice pour infirmer &
rendre inutile la lecture de ces Liures ſaints : mais Dieu eſt
le plus fort, le Soleil de la grace pacifie les troubles & con-
tradictions de ſon eſprit qui procedoyent de ſon enuieillie
couſtume aux profuſions du monde, le voila donc touché
iuſqu'au fond de l'Ame & d'vn licentieux & desbordé gen-
darme, fait tout ſoudain vn grand & ſignalé Capitaine de
l'Egliſe, il en preſta le ſerment deuant vn Image de
la Vierge, & par vne deuotte oraiſon ſe fit enroller ſous le
drapeau du Monarque des Cieux, ſon oraiſon finie, la maiſon trembla, & fut ouy vn grand bruit par la chambre qui
l'aſſeura de l'enterinement de ſa requeſte.

La chair luy donnoit des aſſauts continuels & s'oppoſoit
à ſes ſaintes penſées, quand vne nuict qu'il fondoit tout en
l'armes: la ſacrée mere de Dieu paragon de Virginité aplau-
diſſant à ſes feruentes prieres s'apparut à luy tenant ſon fils
entre ſes bras & a l'inſtant de ceſte fauorable viſion luy fut
prodigué tant de graces que tous charnels deſirs firent re-
traitte pour iamais de ſon cœur renouuellé qui fut iuſqu'au dernier periode de ſa vie le domicile de la chaſteté.

Or pour touſiours matter les fougues de la chair rebelle, il s'afflige de rigoureuſes penitences, fait reſolution
de quitter ſa maiſon patrie & parens, foulant aux pieds les
fraternelles diſſuaſions de Martin Garcia de Loyola ſon
aiſné, & ſous pretexte d'aller viſiter le Duc de Nagiora prit
le chemin de noſtre Dame du Mont-ſerrat, il congedie en
chemin deux ſeruiteurs qu'il auoit leur diſtribuät vne partie de ſes cômoditez, à lors ſeul & ſes eſprits plus recueil-
lis, tout embraſé de l'amour de Dieu luy ſacrifie toutes ſes
actions, ne butte qu'à l'obſeruation de ſes commandemës
ſe donne la diſcipline toutes les nuicts, voüe perpetuelle
chaſteté&deſſeignät faire le voyage de Ieruſalé pour voir le
Theatre où fut repreſentée la ſanglante tragedie de la paſ-
ſion du Verbe incarné, il achepta en vn lieu voiſin de Mont-
ſerrat tout ſon équipage quy fut vne longue Souquenie de
châuregros & rude, vne ceinture de corde, vn paire de ſouliers de corde, vne Courge ou Canebaſte: Arriué qu'il fut à
Mont-ſerrat vn S. Religieux nommé frere Iean Clanones
Fräçois de Nation ouyt ſa confeſſion generale qui dura
l'eſpace de trois iours, ſes deuotions accomplies il donna

son cheual au Monastere, appendit pour Trophées deuant
L'Image de nostre Dame ses armes seculieres, pour endosser
le harnois propre à la guerre du seigneur, ce fut l'an 1522.
24. Mars, veille de l'heureuse iournée en laquelle le Sauueur des humains se vestit de nostre chair aux Virginales
entrailles de sa pure mere, que ce nouueau Cheualier de Iesus Christ, se desroba la nuict secrettement et faisant vn
pauure heritier de ses habits mondains, vestit le sac tant de-
siré, & fit la veille des armes toute la nuict à genoux deuant
l'Autel de la Vierge, pleurant amerement ses pechez, & luy
commandant humblement l'execution de ses desseins.

Il s'en va ioyeux en ce pauure équipage, la teste nuë, les
pieds déchaux, ceint d'vne corde, & sa chair delicatte écor-
chée de ce rude & contemptible sac, quand vn quidam courant apres, luy demande s'il auoit donné ses riches habits à
vn pauure soubçonné de les auoir desrobez, & comme vo-
leur saisi entre les mains de la Iustice: Le sainct (bien qu'à
regret) declara la verité, pour descharger l'innocent, taisant
toutesfois son nom & ses qualitez, & lors de ses yeux ruis-
seloyent vne fontaine de larmes, s'estimant si miserable pe-
cheur, que ses bonnes œuures mesmes tournoyent à la hô-
te & dommage de son prochain.

Il fut à Manrese à l'hospital de saincte Luce pour man-
dier sa vie auec les pauures, ce fut là qu'il mit son corps en
proye a toutes sortes de rigueurs & macerations, pour le re-
duire en seruitude, laissoit croistre negligemment ses on-
gles, ses cheueux, & sa barbe, les nuicts luy sembloyent trop
courtes à pleurer ses pechez, couchoit sur la terre, se donnoit la discipline trois fois le iour, estoit sept heures à genoux faisant son Oraison, & tous les iours oyoit deuotemét
Messe, Vespre, & Complies, vn peu de pain & d'eau vne fois
par iour estoit ses plus somptueux repas, fors les Dimâches
qu'il se confessoit & receuoit le tres-auguste Sacrement dé
l'Autel, bref toute son estude n'estoit qu'à rendre la chair
obeissante à l'esprit, aussi ses austeritez furent si grandes que
ses forces, bien que gaillardes & robustes en furent à la fin
diminuées.

Il est vray que toutes ces volontaires souffrances ne
ruinoyent tant son courage, que les sindereses & remords
de sa conscience, car bien qu'il eust faict vne confession ge-

ncralle auec toutes circöſtances requiſes,Dieu permitpour
exercice à ſes vertus d'eſtre iour & nuict tourmété de ſcru-
pules interieurs,ſi que deſtitué de cōſolation &cōme per-
dant le gouuernail de la patience,il ſe propoſe tant que la
vie pourra ſubſiſter, de ſabſtenir de boire & manger,que
la paix de ſon ame tant deſirée ne luy ſoit rendue, il eſt ſept
iours ſans manger,ne rabbattant rien de ſes accouſtumées
penitences,en fin il communiqua ſon intention à ſon confeſſeur,qui luy commande de la part de Dieu de manger,il
obeiſt,& par ſon obeiſſance merite d'eſtre conſolé ſpiritu-
ellement:Conſolations qui furent ſi grandes & ſi pleines de
lumiere,que cette ame tranquiliſée ſe rendit deſlors capa-
ble de compoſervn liure intitulé,DesExercices ſpirituels,
bien qu'encores ſans lettres,& tout fraiſchement depeſtré
de la vanité des armes,liure tant vtile & recommandable,
que le Pape Paul III.l'ayant examiné diligemment,le confirma par ſon bref Apoſtolique l'an 1548.

   Le ſainct tombe malade,tant à raiſon des aſſidus com-
bats de l'ame,que des exceſſiues courués du corps,la com-
munauté de Manreſe le traitte ſoigneuſement,& bien que
cent ans ſont expirez depuis que ces choſes arriuerent en
ces lieux,la memoire en eſt encor toute fraiſche aux habi-
tans,& reſte encor dans Manreſe pluſieurs honorables mo-
numents de ſa vie,ſi qu'en perpetuelle memoire de ſa pe-
nitence vne piramide de pierre fut dreſſée par Iean Baptiſte
Cardona Eueſque de Vic,autour de laquelle ſe lit encor de
preſent vne ſommaire inſcription de ſa vie.

   Continuant ſes macerations continuent ſes foibleſſes,
de ſorte qu'à la priere de ſes amys il print deux meſchantes
robbes courtes de gros drap,& vn demy capuchon, tant
pour s'oppoſer aux rigueurs de l'hyuer que pour ſubuenir
à vne debilité d'eſtomach qui le trauailloit ſans ceſſe.

   Vn an eſtoit expiré que noſtre infatigable Ignace me-
noit cette penible vie dans Manreſe,quand noſtre Dieu qui
l'auoit deſtiné à choſe plus grande l'inſpira de pourſuyure
ſon voyage de Ieruſalem.

   Se rendant ſouple aux inſpirations diuines il prend le chemin de Barcelonne ſans autre compagnie que de ſon Dieu,
ne voulant dependre que de ſa paternelle prouidence, arriué à Barcellonne il fut au Sermon s'aſſied entre les petits

enfans sur les degrez de l'Autel, vne Damoyselle nommée Isabeau Rosel veid sa face toute resplendissante de lumiere, le Sermon finy, elle l'inuite de disner auec son mary, durant le repas les paroles persuasiues du saint qui exhortoyent à l'amour du souuerain bien, sa grace & sa modestie rauissoiët tout le monde, Dieu se seruit de cette Damoyselle pour destourner nostre peledin de s'embarquer en vn brigantin dans lequel il auoit des-ia resolu d'entrer qui fit n'aufrage à la veüe de Barcellonie, vn Nauire le porte heureusement en cinq iours à Gaiette, de Gaiette il fut à Rome, a pied auec maintes fatigues car l'Italie durant cet an, 1523. fut tellement affligée de peste, que les logis estoient desniez a chacun : l'Eglise celebroit l'entrée du Sauueur en Ierusalem, quand S. Ignace entra dans Rome, visita les sacrez sanctuaires de cette Cité & prit la benediction du Pape Adrian VI. qui pour lors dirigeoit le timon de la nacelle Apostolique.

Il fut à Rome quinze iours, puis se mest aux champs, il distribue aux pauures qu'il rencontre sur le chemin sept ou huict ducats que quelques deuots luy auoiët forcé de prendre à son partement, comme il alloit de Quiogge à Padouë nostre Seigneur luy apparust en vne grande campagne qui le remplit de douces & souueraines consolatiõs, il trauerse Padouë sans voir l'Ambassadeur d'Espagne, preferant les faueurs Diuines aux humaines.

A Venise il alloit de porte en porte mandiant sa vie, la nuit il dormoit en la place publique S. Marc, vn Senateur de la ville fut repris en vision de ce que pendant qu'il dormoit si mollement en vn lict riche & magnifique le seruiteur de Dieu estoit tout nud au serain transi de froid souz les portes de la place, le Senateur se leue tout tremblant, trouue couché sur la terre nostre laborieux Athlette, le cõduit chez soy, & le traicta auec toutes sortes d'honneurs & de carresses.

Le 14. de Iuillet de la mesme année 1523. il partit de Venise, vne medecine dans le corps, qu'il auoit prise par l'ordonnance des Medecins, pour combattre vne fiéure qui le bruslo it, entré qu'il est dans la Nauire capitainesse, y voyãt commettre plusieurs crimes par les soldats & mariniers (comme telles gens sont assez insolens) ialoux de l'honneur de Dieu les reprend aigrement & leur fait de vehementes

remon-

remonstrances ; ces Tygres effarouchez de ces sainctes
paroles, se deliberent le ietter dans vne Isle deserte, à
l'abord de l'Isle vn vent impetueux se leue qui frustre
ces Thraistes de leur intentiõ. Enfin le dernier d'Aoust
la nef surgist au port de Iaffe, & le 4. de Septembre vn
peu auant midy, Saint Ignace entra en Ierusalem.

Qu'elle bouche d'Or, quelle langue assez diserte di-
ra les escoulemens spirituels, les transportz & rauisse-
ments qui saisirent ce Pere bien-heureux, à l'abord de
cette sainte & fameuse Cité, & particulierement lors
que ses yeux baignez de l'armes, sa poictrine rompuë de
souspirs, il s'employoit à visiter deuotement ces lieux
sacrez que le Sauueur du monde à sanctifiez par sa presence : Le mont des Oliues est son ordinaire pourme-
nade, baisant mille fois la pierre où son Redepteur laissa les vestiges de ses pieds, quand il monta au Ciel.

Ces incroyables plaisirs luy eussent faict passer le reste de ses iours en ceste sainte Ville, si le Pere Ministre
Prouincial de Saint François ne l'en eust dissuadé pour
quelques importantes considerations, joinct que la volonté de Dieu le reseruoit à choses plus grades, il prend
donc resolution de s'en retourner en Espagne, & obser-
uer tel Estat ou forme de vie qu'il plaira au sainct Esprit luy persuader.

Venu en Cypre, trois Nauires démaroyent du port,
l'vne Turque, l'autre Venitienne, la 3. estoit vn fresle &
chetif Vaisseau tout pourry & vermoulu, il entre en ce
dernier, le Capitaine de la Nauire Venitienne, s'estant
mocqué de luy & deietté pour sa pauureté, vn vent se
leue, la Nauire Turque faict naufrage, & tous ceux qui
estoient dedans ; La Venitienne donne au trauers des
Rochers, les personnes sauuées, la seulle Barquette qui
portoit le seruiteur de Dieu, malgré les ondes impiteu-
ses, enchra heureusement au port de Venise, en la my-
Ianuier de l'an 1524.

Il part de Venise tout nud auec 15. ou 16. realles, qui
luy auoyent esté aumosnées, vint à Ferrare, où il donne
aux pauures tout l'argent qu'il auoit: de là s'achemina à
Genes, passe parmy les garnisons des François & Espa-
gnols qui lors se faisoient vne sanglante Guerre en Lõ-

bardie, il eſt pris pour Eſpion, les Eſpagnols le battent cruellement & meurtriſſent de coups, les François plus benings plus benignement le traitent, en fin conduit de Dieu il arriue à Genes, & de la a Barcelonne.

Le Pere retourné en Eſpagne entre ſes plus beaux deſirs vne charitable affection d'aider, ſes prochains le ſolicitoit iour & nuict, dont apres vne longue & meure conſideration, & auoir pluſieurs fois inuoqué l'aſſiſtance du Sainct Eſprit, il ſe reſolut de ioindre à ſes ſainctes Inſpirations l'eſtude & exercice des lettres, il apprend les principes de la Grammaire en l'aage de 33. ans, ſouz Ieroſme Hardeballe, precepteur à Barcelonne. Iſabeau Roſel luy fournit ſes neceſſitez, le Diable par ſes ſuggeſtions accouſtumées, trauerſoit ſes deſſeins, mais en vain celuy qui luy auoit donné la reſolution luy donnoit la perſeuerance.

Menant cette vie vn peu plus tranquille, ſon eſtomach ſe robora, & ſes forces commençoient à reuenir, quand il retourna à la rigueur de ſes premieres auſteritez, fuyant touſiours la vaine oſtentation en ſes penitétes, comme quand il troüa les ſemelles de ſes ſouliers pour aller pieds nuds ſur la terre, ſans que le monde s'en apperçeut.

Durant ce temps à Barcellonne arriua deux choſes remarquables, il reforme par ſes pieuſes admoniciõs, les Religieuſes du Monaſtere des Anges, dont la ieuneſſe indiſcrette de la Ville, empeſchée par ce moyen de ſes pratiques & entreueües ordinaires, auec ces Nonnains conſpira contre luy, le battent, le mirent tout en ſang, mais ces eſpines luy eſtoient des Roſes, & reputoit à gloire de ſouffrir pour Ieſus-Chriſt.

En la rue de Beau-ieu, vn homme s'eſtoit pendu en la poutre de ſa Chambre, le Pere coupe la corde, & prie pour l'homme que tous tenoient pour mort, qui recouurant le ſentiment, monſtra par ſignes la contrition qu'il auoit de ſes pechez, puis expira peu apres.

Ayant eſtudié deux ans à Barcelonne, il fut à Alcala l'an 1526. où l'eſtude de la Logique & Philoſophie ne le pouuoient empeſcher d'enſeigner la Doctrine Chreſtienne aux petits Enfans & peuple ignorát, dreſ-

ſoit les plus aduancez à la vertu, par la meditation , &
amaſſoit des aumoſnes pour les plus diſetteux , tant il
eſtoit embrazé de l'Amour de Dieu.

Les Peres Ieſuiſtes ne doiuent s'eſtonner ſi quelques
enuieux Sicophantes en veulent à leurs vertus , & ſi ces
crapaux enflez du venim de la meſdiſance , eſſayent de
leur baue mortifere , ſallir la candeur de leur renom-
mée : puis que leur Fondateur fut dés la naiſſance de
leur Societé mis au deſcry & blaſonné par les Ignorans
du Siecle. Ce bien heureux Pere & trois où quarre pauures religieux qui le ſuiuoyent , furent jadis par l'abje-
ction & pauureté de leur Habit appellez Iaquetiers, où
Freres de la Iaquette, chacun interpretât à ſa poſté leurs
Innocente vie, on leur impoſa des crimes, pour leſquels
le Preſident de Caſtille , pour lors Vicaire General de
l'Archeueſque de Tollede à Alcala , fit empriſonner
Saint Ignace, l'eſpace de 42. iours , mais information
exactement faite, le Pere & les ſiens furent declarez in-
nocens.

Vn certain Gentil'homme ioüant à la paulme, voyant le Saint mandiãt l'aumoſne, dit qu'il vouloit eſtre
bruſlé , ſi le Sainct ne meritoit de l'eſtre , auint que lo
iour meſme, l'on fit des feux de ioye , pour la naiſſance,
de Philippe II. Roy des Eſpagnes, vne eſtincelle de feu
print à des poudres , en la maiſon dudict Gentil'homme
qui fut bruſlé tout vif, le Pere plora, ceſte mort ſe ſou-
uenant de l'iniure à luy dite.

D'Alcala, il fut à Salamanque, à la faueur d'Alfon-
ce de Fonſéca, Archeueſque de Tollede , où derechef
fut par la populace eſmeuë ; mis priſonnier auec vn ſien
compagnõ, & tous deux liez d'vne groſſe chaiſne de fer.
Vingt deux iours ſe paſſent, pendant que ces ſainctes a-
mes gouſtoient dans ces Tenebres, les douceurs d'vn S.
extaſe, en fin leur Innocence recogneuë , le Bachelier
Frias promiſeur de l'Eueſque , declara leur vie pure &
entiere, hors la portée de tout ſubçon & reproche.

Dieu qui auoit eſſeu Sainct Ignace pour eſtre Pere de pluſieurs Enfans, l'embrazoit ſans ceſſe d'vn deſir
de faire vne ſaincte Societé . pour s'employer à l'aide
Spirituelle de ſes prochains. Il eſt donc inſpiré de venir

en l'Vhiuerfité de Paris, Paris le Soleil du monde, la pe-
piniere des Doctes, le Siege de nos Roys, l'Efcolle de la
fageffe, le Théatre des vertus, la mere des Artz, & le fe-
jour des Mufes, il y arriue au commencement de Feurier
de l'an 1528. là il fe perfectionna en la langue Latine,
fut reçeu maiftre és Artz, & fon cours de Philofophie
acheué, il fe plongea dans la profonde mer de la Theologie, embraffant toufiours la pauureté volontaire, &
fans donner treuue à fes difciplines accouftumées, en
fin fon Angelique vie attira tout à plein de leuneffe pa-
rifienne à fon imitation, dont les Peres indignez, fe bã-
derent contre luy, le defchiroient de calomnie. femoyét
plufieurs Impoftures contre luy, & des parolles aux ef-
fects, on le voulut fouetter publiquement au College de
fainte Barbe. Ià la porte du College eftoit fermée, la
cloche fonnée, les Regents les verges aux mains, les Ef-
coliers accourus au fpectacle, le S. Pere fans fe trou-
bler aucunement n'y perdre de fa grauité ordinaire
craignant que ces leunes plantes qui commençoient à
fleurir, ne fuffent defracinées par cefte tempefte, parla
au principal du College fi doctement, & auec tant de
liberté, luy remonftrant qu'il auoit tres agreable ce Sacrifice, mais que le dommage tomberoit fur ces leunes
Amantz de la vertu, & les defcourageroient de paffer
plus outre s'il eftoit puny pour les auoir exhortez à la
fuiure, Harangue qui eut tant d'efficace que le principal
fur le champ, luy demande pardon comme à vn fainct
qui preferoit l'honneur de Dieu, & de fes prochains au
fien particulier.

Le bien heureux Ignace bendant tous fes nerfs pour
gaigner quelques efprits de bonne trempe & d'irrepro-
chables mœurs, fit en forte qu'il gaigna Pierre le Féure Sauoyart, François Xauier Nauarrois, Iacques
Laifnez natif d'Almafan, Alfonfe Salmeron de Tollede, Simon Rodriguez Portugais, & Nicolas Bobadille
d'vn lieu voifin de Palenfe, depuis trois autres s'incor-
porerent auec eux, qui firent le nombre de dix : Claude
le Gay Sauoyard, Iean Codure de Dauphiné, & Paf-
chal Brouet Picard, tous maiftres és arts & eftudia...
en Theologie.

Le iour de l'Assomption de nostre Dame, ces dix soldats de Iesus Christ Confessez & Communiez à Mont-
matre, firét vœu d'aller en Pelerinage tous ensemble en
Ierusalem dãs certain iour, où s'ils ne pouuorët y aller,
où y allant s'ils ne pouuoient s'arrester en Ierusalem, ils
s'offriroient aux pieds du Pape, pour estre employez
par sa Saincteté à tout ce qu'elle les iugeroït propres
pour le seruice de l'Eglise & le salut des ames. Ce dessein resolu le Pere Ignace leur ordonna de se trouuer
leurs estudes faites à Venise, où il les attendroit aprés
vn tour fait en Espagne pour quelques affaires concer-
nantes le seruice de Dieu.

Il part de Paris, vient en Espagne, se retire à
l'hospital, cherchant de porte en porte sa vie, incogneu
de son frere chef de son illustre famille: l'affluence
fut si grande en ses predications, qu'il estoit contrainct
prescher à la campagne, & de son corps émacié, sortoit
vne voix si forte, qu'on l'entendoit de trois cens pas, sa
demeure en ce pays ne fut pas infructueuse, vn nommé
la Bastide epyleptique, vne femme phtisique, vn autre
demoniacle furent par luy miraculeusement guaris, de
là demandant l'aumosne fut à Pampelonne, Almasin,
Siguence & Tollede, pour expedier les affaires de ses
compagnons, en fin se trouua à Venise pour les atten-
dre, selon la promesse faite à Paris.

L'enfer tremble, le diable est en ceruelle, son enne-
my est descouuert, les vertus de nostre S. luy donnent
en teste, il faut que la mesdisance creue, ce n'est qu'vn
forbany d'Espagne, bruslé en effigie, vn fugitif, vn
vagabond, ce sont les blasphemes que Satan faisoit lors
vomir par ses ministres contre ce bon seruiteur de Dieu.
L'Archeuesque de Rosane, pour lors Nonce du Pape à
Venise, s'opposa à telles impietez, & les fit voir fausses
& controuuees.

Toutes ces disgraces n'empeschent point le R. P.
d'engendrer tous les iours des enfans à Iesus Christ, en
fin ses compagnons de Paris arriuent à Venise le 8. Ianuier 1537. ou ils le trouuent auec ses autres nouueaux
associez, l'allegresse est grande à l'abord, le departe-
ment se donne, la compagnie est separee par les hospi-

taux pour seruir les pauures.

Le Pere Ignace reste à Venise, tous les autres tirent à Rome, & la benediction receuë du Pape Paul III. pour aller en Ierusalem, retournerent derechef à Venise, ou le iour S. Iean Baptiste dudit an 1537. furent ordonnez Prestres ceux qui ne l'estoient pas, & se départirent par le pays des Venitiens, attendant l'annee determinee pour faire le voyage de la terre saincte.

Dieu appelle par mouuemens secrets le S. à Rome, pour ietter les premiers fondemens de son ordre, il y va auec ses deux compagnons le Féure & Laisnez par les mains desquels il communie tous les iours, en chemin proche de Rome il pria seul dans vne Eglise toute deserte, il se sent changer le cœur, le Pere eternel luy apparoit, qui le recommanda & tous ses compagnons, à son fils portant sa croix, le misericordieux Iesus les reçoit en sa protection, se tourne vers Ignace, & d'vn amoureux regard luy dit (Ego vobis Romæ propitius ero.) parolles qui eurent tant de pouuoir sur son ame, que depuis le tressaint nom de Iesus luy a esté vn obiect perpetuel, & pour ceste raison l'epithete de la compagnie de Iesus fut attribué à son ordre lors de sa confirmation, par sa Saincteté, qui pour y procéder meurement commit l'affaire à trois Cardinaux, entre lesquels y eut au commencement quelque altercation, le Cardinal Guidichon ne trouuant pas bon d'instituer nouuelles religions, mais en fin vaincu de diuines inspirations, approuua l'institut de ceste Societé, & le loüa à Paul III. qui l'ayant leu, dit, poussé de l'esprit de souuerain Pontife (Digitus Dei est hic.) Il confirma donc ceste religion l'an 1540. le 20. Septembre, iour SS. Cosme & Damian, auec certaines restrinctiõs qu'il leua l'an 1543. en confirmant de nouueau ladite Societé, que son successeur le Pape Iule authorisa derechef l'an 1550. depuis tous les Papes iusqu'à present l'ont accreuë & douée de maints priuileges, comme il appert par leurs Bulles & sommaires.

Ceste confirmation faite, les Peres de la societé espandus en l'Italie vindrent à Rome pour eslire vn Prefect: S. Ignace est esleu par l'vniforme consentement

de tous, il refuſe la charge par humilité, quatre iours
ſont pris pour recommander l'affaire à noſtre Seigneur,
il eſt derechef eſleu, il continuë ce refus, enfin vn Pere
de S. François ſon Confeſſeur, nommé Theophile, luy
dit que reſiſtant à l'eſlection, il reſiſtoit au S. Eſprit, à
ces mots Ignace accepte la charge, & le 22. Auril de la
meſme année 1541. ayant viſité les ſept Egliſes ou Sta-
tions de Rome, & celebré la Meſſe en l'Egliſe de ſainct
Paul, fit ſa profeſſion, Communie ſes freres, & receut
en ſes mains leurs profeſſions.

Il fut Prefect general 15. ans trois mois neuf iours,
depuis le 22. Auril 1541. iuſqu'au dernier Iuillet 1556.
auquel iour il mourut. Ce braue chef veilloit conti-
nuellement ſur les ſiens, ſa vie fut vn magaſin de bonnes
œuures, & l'exemplaire de toute religieuſe perfection,
tout cedoit à ſes entrepriſes, & ſes deſſeins eſtoient auſſi
toſt accomplis qu'inuentez, tant la prudence reluiſoit
en la côduite de ſes affaires: Il fonda luy meſme la maiſon de Rome, mere & matrice des autres, enuoye ſes enfans enſemencer de leurs vertus toute la terre habitable,
en peu de temps la France, l'Italie, l'Allemagne, Eſpagne, Portugal, Irlande, & les Indes Occidentales furent remplies de ces brillantes lumieres.

Il fut cauſe qu'à Rome maintes iuſtes & Chreſtien-
nes loix furent eſtablies, les Medecins conformément
au decret d'Innocent III. n'entroient aux logis des malades, que premierement ils n'euſſent eſté viſitez du ſou-
uerain Medecin des ames: l'hoſpital des Cathecumenes
à Rome, celuy de ſaincte Marie de la grace pour retirer
les femmes desbauchées, les deux maiſons hoſpitalieres
des orphelins, le monaſtere de ſaincte Catherine des
cordiers, refuge des Vierges pauures, & autres lieux fa-
uorables aux prochains, publieront à iamais ſa charité
inimitable.

Ce n'eſtoit pas aſſez que ce bel aſtre eut en ſon orient
& en ſon midi eſpâdu ſur la terre ſes charitables flames,
ſi en ſon couchant il n'euſt laiſſé à l'vniuers vn eternel
ſouuenir de ſa lumineuſe preſence: Dieu qui aimoit
ceſte belle ame la voulut aduertir de ſa ſeparation de ce
monde: ſa chair deſia toute ſpiritualiſée ni fit pas granz

de resistance, & la ioye qu'il receuoit de se voir bien tost
à la fin de sa course, causoit vn tel flux en ses mobiles
humeurs, que ses yeux en ruisseloient de pleurs d'allegresse.

Il en escriuit à la Dame Leonor Mascaraigne, gou-
uernante de Philippe II. Roy d'Espagne, sa fille spirituelle, & l'asseura que ce seroit la derniere lettre qu'il
escriroit: voyant l'heure proche il supplia Iean de Pol-
lanque Secrettaire de la Compagnie, d'aller promptte-
ment baiser en son nom les pieds de sa Sainctete, luy de-
mander sa benediction & pleniere indulgence de ses pechez, pour que son ame vollast dans les cieux plus allai-
grement, ce que le Pape luy accorda, auec toute de-
monstration d'amour & bien-veillance.

Le lundy matin, comme le Soleil des cieux commen-
çoit à lancer ses rayons sur la terre, ce Soleil de la terre
s'eclipsoit icy bas pour aller luire dans les cieux, lors
confessé & communié, les mains iointes, les yeux fichez
au ciel, le visage serain & tranquille, apres auoir plusieurs fois reclamé le beau nom de Iesus, il rendit son
ame bien-heureuse entre les mains de son celeste es-
poux, pour la couronner de gloire & l'enyurer aux cel-
liers de l'Immortalité, ce fut le dernier de Iuillet 1556.
Il mourut aagé de 65. ans, trente cinq ans apres sa con-
uersion, saize ans apres la confirmation de sa Compagnie, de laquelle on peut dire (Extendit palmites suos
vsque ad mare, & vsque ad flumen propagines eius,)
Car il laissa douze Prouinces peuplees de ses enfans, &
pour lors il y auoit desia cent Colleges de la Société,
toute Rome plora la mort d'vn si sainct personnage,
son corps fut mis le premier d'Aoust en vne basse sepul-
ture, à main droite du grand Autel de l'Eglise saincte
Marie de la ruë de Rome, l'an 1569. ledit Autel remué, le
corps du S. fut aussi transferé, finalement l'an 1587. le 19.
Nouembre, il fut transporté solemnellement à l'Eglise
de la maison professe, bastie par le Cardinal Alexan-
dre Farnese, fut mis dans vn coffre de plomb, en vn
tombeau preparé à main droite du grand Autel, cou-
uert d'vne pierre platte, & contre la muraille vn marbre
noir polly, auquel est grauée ceste inscription.

D.O.M.

D. O. M.

*Ignatio societatis IESV fundatori: Obdormiuit in Domi-
no, ætatis suæ anno LXV. Confirmati a sede Apostolica
Ordinis XVI. Salutis humanæ M. D. LVI. Kalend.
Augusti, Eius in Christo filij Parenti optimo poss.*

Ce tombeau a esté tousiours depuis en singuliere reue-
rence à toute l'Italie, signalé de beaucoup de miracles, Dieu
voulant par tels fruicts salariet les trauaux & fatigues de
son fidele seruiteur, il fut de stature moyéne, la face maie-
stueuse, le front large & polly, l'œil humble & doux, le nez
grand & Aquilin, le teint brun, la teste chauue, l'abord facile, le port graue, sans morosité, eloquent, & son esprit accomply de toutes les perfections requises à vn parfait Religieux.

Si ie voulois dechiffrer toutes les vertus de ce bon pere,
son abissalle humilité, sa constance aux tribulations, sa
temperance aux prosperitez, sa charité enuers Dieu & le
prochain, sa deuotion à la Vierge bien-heureuse,
sa mansuetude & benignité vers ses inferieurs, son zele à
l'Eglise, si ie voulois dire encor toutes ses visions, ou reue-
lations spirituelles, ses colloques & abbouchemens auec
son Dieu, ses rauissemens surnaturels, ses douloureuses penitences, ses nombreux miracles, le temps me deffaudroit
plustost que l'argument, & m'arriueroit comme à ces chiés
d'Egypte, qui n'osent boire au fleuue du Nil, estonnez de
sa vaste & grande estendüe, ioint que ce compendieux Re-
cueil (mon trauail de deux nuicts) ne permet plus lógue car-
riere à ma plume, i'espere en bref faire vn discours panegyrique sur les merueilles de ce S. où ie n'oubliray rien qui
puisse seruir à reprimer la Calomnie de ses jaloux, & faire rentrer dans sa coquille la baueuse limace d'Enuie.

FIN

LA VIE MIRACVLEVSE DE SAINCT
FRANÇOIS XAVIER IESVITTE.

Ix ans apres la naissance de S. Ignace de
Loyola, l'an 1497. que pour lors Ale-
xandre 6. gouuernoit l'Eglise, Maximi-
lian I. l'Empire, Ferdinand & Isabelle
l'Espagne, Dom Ioàn III. la Nauarre, na-
quist S. François Xauier, l'honneur Nauarrois, le bris'-idole des Indes, & l'vn
des forts arcs-boutans de son S. College, son pere fut Dom
Iean Iaso, premier Conseiller d'Estat de son Roy, homme
estimé par tout le Royaume de Nauarre, pour sa Noblesse,
doctrine, richesse, & probité de mœurs: Sa mere fut Marie,
Dame de Xauier & d'Alpiscueta, maisons illustres en la
Nauarre, le lieu de sa naissance fut le Chasteau de Xauier,
dont il retient le nom, situé pres de Pampelonne. Il fut le ca-
det de sa maison, mais le soin paternel ne fut moins grand à
l'education de sa ieunesse: l'aptitude & viuacité de son en-
tendement le poussa si auant dans les sciences, qu'il fut estimé vn des plus doctes de son temps, la celebre Vniuersité
de Paris fut le cirque ou ce neruеux esprit se demesla & ap-
prit ses premiers exercices: La science luy estoit si familiere,
qu'elle sembloit née auecques luy, ayant fait son cours en
Philosophie il paruint au grade de maistre és Arts, & fut
Lecteur en ladicte Vniuersité. Pierre le Feure Sauoyard
fut son compagnon d'estude, tous deux zelolez imitateurs
des religieuses actions du bien-heureux Ignace: Il est vray
que Xauier ayant l'humeur brusque & iouialle, estoit vn
peu plus rerif que son compagnon se vendiquoit les applau-
dissements populaires, & se portoit facilement aux vanitez:
mais la parfaicte & irreprehensible vertu d'Ignace fut l'es-
querre qui redressa ses courbures, & la ligne ou il sçeut en
fin si droittement niueller ses desportemens, qu'il fut son
second Astre reluisant, & son collateral attaché au ioug de
la Charue Euangelique, il sçeut si bien par veilles, icunes &
maceratiós dópter sa chair mutine, qu'il ne luy tint de re-
gimber depuis, & d'autant qu'il s'estoit pleu à la beauté,

en pompe & elegance de son corps il s'aduise d'en faire vn
sacrifice à Dieu, & pour mieux mortifier ses rageux élans
il se lioit secrettement les muscles des bras & des iambes
auec des cordelettes qui luy tranchoient la chair, patiem-
ment supportant ces insupportables douleurs:

Vn iour qu'auec ses huict compaignons il trauersoit à
pied les Alemagnes (ja beaucoup infectées du poison de Lu-
ther) pour se rendre à Venise auec S. Ignace affin d'aller en
Ierusalem selon leur compromis à Paris, il s'estoit lié les
bras & les cuisses de la sorte que i'ay dit, si que les humeurs
accouruës en ces parties, tant à raison des Ligatures douloureuses que pour l'excessif labeur du chemin les cordelettes entrerent bien auant dans la chair tumefiée, le S. ne peut
aller plus auant, force luy est se descouurir à ses côpaignons
ils le meinent chez vn Chirurgien, qui leur propose de di-
later les playes & qu'autremét il ne pouuoit arracher ces
cordes infiltrées parmy les chairs musculeuses, ce cruel
conseil les attendrit à pitié & se resolurent la nuit suyuan-
te d'implorer l'ayde de Dieu puisque le secours humain
estoit tant perilleux, leurs oraisons finies les playes furent
consolidées, les cordelettes rompues & le Sainct tout prest
de retenter le chemin. Ils arriuerent à Venise le huict. Ianuier 1537. ou ils furent gracieusement recueillies du bien-
heureux Ignace.

Nous auons dit en la vie de S. Ignace comme ceste sainte
troupe se ietta dans les Hospitaux de Venise pour secourir
les malades, nostre S. François choisit l'Hospital où d'ordinaire se medicamentoyent les plus dangereuses & incura-
bles maladies, c'est pitaux plus salles plus contagieux & plus
desesperez qu'il voüoit son seruice, vn entre les autres s'y
trouua dont le corps, rendoit tant de pourriture que tout le
lieu en estoit empoisonné tous fuyoiét ceste vlcerée charo-
gne & auoient en horreur ceste abomination. François s'ad-
uisa d'vn moyen pour vaincre sa delicatesse, Ce fut d'enuisa-
ger le Fils de Dieu en la personne de ce pauure affligé & de
se persuader ses playes estre les playes de son Sauueur, lors
tout transporté d'amour diuin baisa ce lépreux plusieurs
fois, licha ces vlceres sordides & purulentes, & tant s'en
faut que cela luy fit bondir le cœur, son deuot ieux courage en fut augmenté, tant à de pouuoir l'amour de Dieu sur

Le S. vient à Rome, Presche & dispute plusieurs fois deuant sa Saincteté qui luy donne sa benediction, retourné à
Venise où il est fait prestre, par les mains de l'Archeuesque
de Rosane, il se retire auec le Pere Salmeró (attendant le
temps arresté pour faire le voyage de la terre Saincte) en vn
petit village nommé Moncelli pres de Padoüe, vne petite
cabane toute ruynée ou la pluye la grelle & les vents don-
noiẽt de toutes parts fut son hostellerie l'espace de 40. iours
son lict la terre dure, ses courtines les voûtes du Ciel, ses
bombanciers festins quelques crostelettes de pain moysi
qu'il destrempoit de ses larmes, ses passe-temps, la discipline, l'oraison les meditations, n'estoit iamais sans Cilice, bref
pour se trouuer en Dieu il sembloit auoir resolu de se perdre
à soy mesme, & de s'absorber pour iamais dans les profonds
abismes de l'amour eternel.

Il celebra sa premiere Messe à Vincence ou ne se peut dire
combien pendant ce tres-auguste Mystere, le torrent de ses
deuotieuses larmes entraisna de bonnes ames à la piste
de ses perfections, il tombe malade à Vincence, est
consolé eu vision par Sainct Ierosme qui roidit son courage contre les trauaux pour luy destinez à Boulongne & aux
Indes en augmentation de ses palmes glorieuses.

Les cruelles guerres du Turc auec les Venitiens, furent
cause de rompre le voyage de Ierusalem aux Peres de la
Societé faute de nauires, ils se disperserent tous pour semer
l'Euangile & porter en diuers lieux la bonne odeur de leurs
aromatiques vertus, le P. François fut à Bologne, y passa
l'hyuer, vne fiéure quarte se ioignant a l'iniurieuse saison
pour le combattre, le reduict à telle extremité qu'il sembloit mieux vn fantosme qu'vn homme.

Le P. Ignace appelle nostre Xauier à Rome, pour delibe-
rer auec les autres des principes de leur charitable Religion, il presche a S. Laurens, ou son eloquence & sa doctrine tindrent longtemps en controuerse les suffrages des au-
diteurs, il est enuoyé aux Indes Orientales par S. Ignace
pour y planter la Foy a la solicitation du Roy de Portugal.
Il sort de Rome, vn breuiaire a la main pour toutes choses,
en chemin il gaigne le cœur de l'Ambassadeur Mascaregna
sauua miraculeusement son Secrettaire qui estoit tombé

seruiteur du mesme Ambassadeur, qu'vn rapide torrét émportoit entre deux montagnes, vn de la trouppe se moc-
quant de luy tomba de son cheual sur des rochers tout des-
chiré & presque mort, le Pere y accourt, & par son Oraison
le releue sain de l'ame & du corps.

Il arriue a Portugal, guarit a son abbord le P. Simon
d'vne fiéure quarte, il est receu du Roy auec toute sorte de
bien-veillance, refuse les liberalitez royales, & prefere les
frugalitez des hospitaux aux orgueilleuses bombances de
la Cour, le 6. d'Auril 1541. il s'embarque a Portugal auec
deux de ses compagnons pour aller aux Indes, le Roy a son
depart luy donne vn Bref du Pape par lequel il est Declaré
Nonce & Legat Apostolique aux Indes Orientales, il sur-
git a Mosambique sur la fin du mois d'Aoust, y passa l'Au-
tomne & l'hyuer à toutes sortes d'œuures Chrestiennes, le
printemps venu il fut a Goa ville riche & opulente, mais
regorgeante de tous vices & abominations, il fit la reue-
rence a l'Euesque, luy monstre son Breuet, prend sa benediction, & repasse le pollissoir sur les mœurs corrompues de
ce peuple, il presche tous les Dimanches & Festes en l'E-
glise nostre Dame du Rosaire, employe les autres iours a secourir les malades, côfesser, faire administrer les Sacremés,
& autres œuures spirituelles, il souloit aller luy mesme a-
uec vne clochette par les ruës, semondre le peuple a ses predications, Goa reformé il vint au Cap de Comorin, visite
la Prouince, en arrache toutes les espines de la gentilité &
idolatrie, y arbore la Croix, y seme vne Chrestienne pepi-
niere & y baptise plus de quarante mile personnes, vn Brac-
mane Philosophe qui faisoit de l'entendu fust vaincu à la
dispute par le bien-heureux Xauier, en fin tout l'Orient
ressentit la lumiere de ce Soleil.

Le Royaume de Trauancor en veit boule-verser ses
Idoles, l'armee des Badegois, mortels ennemis des Chrestiens tourna visage, espouuentez de sa seule parole, les In-
sulaires de Manar, Paranas & Machoas veirent par ses douces loix leurs barbares & farouches humeurs appriuoisées,
le second fils du Roy de Ceylan fut par luy baptisé.

Il fut de Ceylan a Malipar, ou est le sepulchre du glorieux Apostre S. Thomas, sept iours il s'abstint de manger,

1 s'ac   mine a Malaca, Ville frontiere des Indes, & par ses
infatigables trauaux la repurge des erreurs où elle abôdoit
redresse le culte diuin, & toutes les nuicts réueilloit auec
vne clochette les noueaux baptisez à prier Dieu pour les
ames detenues en purgatoire, il secourut en l'Isle d'Ambo-
in 7. villages de Chrestiens qui estoyent sans Prestres, guarit en passant plusieurs soldats malades en l'armee d'Espagne conduite en ces pays par Ferdinand de Sosa, Cosme de
Torrez Prestre de Valence amoureux des perfections du
S. se mit en sa compagnie.

L'Isle du More, ou toutes cruautez estoyent exercees,
déposa toute sa ferocité & barbarie a la presence de S. François, & se rendit souple a ses preceptes & enseignements, il
retourne a Malaque, au temps que le Roy d Azen fit tant
d incursions sur les Malaquois, emmenât du port quelques
nauires Portugaises, le pere stimule le peuple a la poursuit-
te de ces infideles, & en prophetise la victoire.

Il retourne en Goa, baptise quelques Iaponnois qui l'e-
stoyent venu trouuer, s'informe d'eux des particularitez
du Iappon, & se resolut d'y aller perfectionner l'œuure que
les Portugais y auoient depuis deux ans ébauchee, ce qu'il
fit heureusement. Arriué à Cangaximé premier port du
Iappon, il remplit tout de miracles, ressuscite la fille morte
d'vn Gentil hôme, guarit vn ladre, & donne a l'Eglise huict
cens Chrestiens, à Ferendé il baptisa cent idolatres, pour aller au Royaume de Meaco, ignorant les chemins, il se dô-
na laquais d'vn Caualier courant apres luy pieds nuds &
chargé de ses ornements a dire Messe, il ne fit rien a Meaco
a raison des grands troubles du pays, le Roy d'Amangondy
le reçeut benignement, en moins d'vn an il conuertit plus
de 3000. personnes, sa renômée quivoloit de toute parts fit
que le puissant Roy de Bungo le desira voir, il dispute en
sa presence contre 3000. Bouzes, qui sont les faux Prestres
de ces idolatres, les met a vauderoute, le Royaume se dispo-
se a estre Chrestien, & d'autant que ce peuple tenoit sa Religion des Chinois, le P. se resolut d'y aller, afin que la Chine estant Chrestienne le Iappon fut de plus facile conque-
ste: L'effect suit la resolution, il vient donc a Chincheo, a
Cochin, à Goa, de là a Malaca pour passer a la Chine, mais

Le Gouuerneur de Malaca s'y opposa, pour l'inimitié inue-
terée qu'il auoit auec Peyrera Ambassadeur du Roy de Portugal, & pour lors conducteur du P. François: Le pere ne
perd point courage, retente vne autrefois son voyage, &
l'eust accomply plus heureusement, si Dieu content de sa
bonne volonté & de ses trauaux passez n'eût anticipé ses
iours d'vn trespas glorieux: Il mourut en l'Isle de Sáchoan,
distante de trente lieuës de Canton premier port de la Chine, dans vne petite logette bastie au feste d'vne montagne
loin des hommes, mais assisté de Dieu & des Anges. Ses
miracles sont infinis, que ie reserue à dessein, pour ioindre
au panegyrique promis, auquel i'espere enfiler l'ordre de
la procession, & des pompes obseruées en ceste Ville en faueur de la Canonisation de ces deux saincts.

F I N.

ORAISON.

Nouuelles Athletes, la terreur des de-
mons, la ruine des Idoles, l'effroy des he-
retiques, SS. Peres, Peres des plus vtiles,
& laborieux enfans que l'Espouse de
Dieu alaitta iamais de ses charitables
mamelles, belles ames, ames d'or, ames blanches, compa-
gnes de l'Agneau sans macule, qui moissonnez dans le
Ciel l'vsuraire recompence de vos trauaux, qui nagez à
plein dans les eaux de grace & de gloire, tout absorbez
dans les eternelles lumieres de la diuinité, regardez fauo-
rables Astres regardez du port de salut ou vous estes la
Nef de l'Eglise agittée de toutes parts des vents de l'heresie, feux Tindarides flambeaux couplez, môtrez vous à
yeux pendant ces orageuses bourrasques, vis sueurs, vos

veilles, vos larmes, vos souspirs, vos disciplines, vos cilices, vos peleyrinages, bref tout le gros de vos inimitables penitences n'en viamais pour viste que l'accroissement de la Foy & propagation de l'Euangile: vostre ardente charité seroit-elle refroidie? poursuiuez donc vos anciennes erres obtenez pour la France vn Arrest dans le Ciel Empirée par lequel (toutes les personnes diuines assemblées) il soit dit que dans peu de iours le monstre d'heresie soit terrassé par l'indomptable bras du Roy Louys le Iuste, & ce pendant que la terre & les Cieux, les hommes & les Anges sont employez à louanger vos honneurs, présentez nos necessitez au Tribunal du grand Iuge des humains, & le coniurez par les entrailles de son immortel amour, de se souuenir des promesses qu'il a faites à son vnique Espouse, afin que vi Glorieuse elle passe sur le ventre de ses ennemis, & que les François Catholiques en grauent à iamais l'Histoire sur l'airain de l'eternité Amen.

F I N.